Unterrichtsstörungen vermeiden

Mit einfachen Strategien zu einem angenehmen Klassenklima, produktiver Lernatmosphäre und einem entspannten Schulalltag für Lehrer und Schüler

Amke Dannen

INHALT

Das erwartet Sie in diesem Buch

Jeder kennt sie, niemand liebt sie: Unterrichtsstörungen sind die wohl unbeliebteste Begleiterscheinung eines jeden Unterrichts und können selbst die erfahrensten Lehrer:innen zur Verzweiflung bringen. Dass es eine unruhige Klasse teilweise unmöglich machen kann, den Lernstoff zu vermitteln, und dass Unterrichtsstörungen in einem direkten Zusammenhang mit der mentalen Gesundheit von Lehrkräften stehen, ist Ihnen bestimmt bereits bekannt. Unterrichtsstörungen sind jedoch – entgegen der Erwartungen – kein reines Lehrerproblem und können auch langfristige Folgen für die gesamte Klasse mit sich bringen. In diesem Buch erfahren Sie daher nicht nur alles Notwendige über die negativen Auswirkungen von Störverhalten im Unterricht, sondern Sie bekommen auch einen umfassenden Überblick über weitere theoretische Grundlagen von Unterrichtsstörungen: Welche Erscheinungsformen gibt es? Welche Ursachen und Auslöser können sie hervorrufen? Und sind eigentlich immer nur die Schüler und Schülerinnen selbst für Unruhen im Unterricht verantwortlich?

Natürlich stellt sich auch die Frage, wie denn Unterrichtsstörungen nun zu verhindern sind. Eine jede Lehrkraft träumt wohl von einem störungsfreien Unterricht: eine ruhige, aufmerksame und motivierte Klasse, die mitarbeitet; keine Unterbrechungen durch Schwätzen, Zuspätkommen oder Zwischenrufe. Obwohl dieses Ziel vermutlich utopisch zu sein scheint, gibt es viele Maßnahmen, die Sie anwenden können, um Unterrichtsstörungen vorzubeugen oder ihr Auftreten zumindest zu minimieren.

Der zweite Hauptteil dieses Buchs, „Mit Unterrichtsstörungen richtig umgehen", wird Ihnen dementsprechend praktisches Wissen vermitteln, welches Ihnen dabei hilft, einen (möglichst) störungsfreien Unterricht zu gestalten. Ganz egal, ob Sie mehr über den Königsweg im Umgang mit Unterrichtsstörungen – die Prävention – erfahren möchten oder ob Sie auf der Suche nach Sofortmaßnahmen sind, die Ihnen bei der Eindämmung von Unterrichtsstörungen in der Störsituation selbst helfen können: Dieses Buch bietet Ihnen eine Fülle an Handlungsmöglichkeiten, die Sie benötigen, um Ihre Klasse in den Griff zu bekommen. Und was sind eigentlich die 10 goldenen Regeln, die Sie in Ihrem Klassenzimmer immer beachten sollten?

Unterrichtsstörungen verstehen

Wer schon mal eine Klasse unterrichtet hat oder auch nur selbst Teil einer Klasse war, der weiß: Völlig ruhig und diszipliniert geht es hier nie zu. Während man sich als Schüler vermutlich noch an kurzen Unterbrechungen des Unterrichtsgeschehens – sei es das Tuscheln mit der Sitznachbarin, heimliche Beschäftigung mit dem Smartphone unter dem Tisch oder auch amüsante Zwischenrufe durch den „Klassenclown" – erfreut hat, umso anstrengender kann dies für die Lehrkraft sein, die sich Mühe gibt, der Klasse den Lernstoff zu vermitteln.

Besonders junge Lehrer:innen, die vor ihrem ersten Schulpraktikum stehen oder frisch aus dem Referendariat kommen, erleiden hier häufig den sogenannten „Praxisschock": Darüber, wie man eine unruhige Klasse in den Griff bekommt und mit den vielen Unterbrechungen des Unterrichts umgeht, haben sie noch nicht sonderlich viel gelernt.

Dieser Umgang mit Unterrichtsstörungen kann eine der größten Herausforderungen des Schulalltags darstellen. Da Störverhalten im Unterricht jedoch in jeder Schule auf der Tagesordnung steht, ist es wichtig, Lehrkräfte stärker für dieses Thema zu sensibilisieren und ein Verständnis für das Verhalten der Schüler:innen aufzubauen. Nur so ist es möglich, adäquat auf Störungen zu reagieren, eine Reduktion der Unterbrechungen herbeizuführen und die aktive Lernzeit im Klassenzimmer zu erhöhen.

Der erste Teil dieses Buches soll Ihnen deshalb dabei helfen, Unterrichtsstörungen von Grund auf zu verstehen. Ein Blick hinter die Kulissen verrät Ihnen, welche Ursachen die Unterrichtsstörungen hervorrufen können und welche negativen Konsequenzen sie mit sich bringen. All das wird Sie dabei unterstützen, einen besseren Umgang mit den Störungen im Unterricht zu erlernen und ein entspannteres Klassenklima zu entwickeln.

DEFINITION UND ERSCHEI-NUNGSFORMEN

Um sich differenziert mit Störungen des Unterrichts und deren Minderung auseinanderzusetzen, ist es wichtig, die verschiedenen Erscheinungsformen von Unterrichtsstörungen zu kennen. Eine objektive Definition dessen, was sich als störendes Verhalten klassifiziert und was nicht, ist nur schwer möglich, weshalb in der Wissenschaft noch keine allgemeingültige Definition existiert. Was die eine Lehrkraft bereits als Störung des Unterrichts bezeichnet, kann jemand anderes noch als tolerierbar empfinden und leicht darüber hinwegsehen.

Unterrichtsstörungen sind also stets subjektiv zu verstehen und immer abhängig von der Wahrnehmung des Betrachters. Gert Lohman definierte Unterrichtsstörungen als „Ereignisse, die den

Lehr-Lern-Prozess beeinträchtigen, unterbrechen oder unmöglich machen, indem sie die Voraussetzungen, unter denen Lehren und Lernen erst stattfinden können, teilweise oder ganz außer Kraft setzen". Hierbei lässt sich bereits herauslesen, dass es sich um eine Fülle an unterschiedlichen

Störungsmöglichkeiten handelt, die sich nach ihrer Schwere und Stärke der Unterrichtsbeeinträchtigung einteilen lassen. Der Versuch, eine Liste aller Unterrichtsstörungen dieser Welt anzufertigen, wird wohl eher erfolglos bleiben; dafür sind einfach zu viele Arten und Ausprägungsformen denkbar. Ich werde mich daher im Folgenden auf die geläufigsten Formen von Unterrichtsunterbrechungen konzentrieren.

Eine simple Unterteilung stellt die Unterscheidung zwischen aktivem und passivem Stören des Unterrichts dar. Aktiv umfasst hierbei ungebetene Handlungen, die der oder die Schüler:in gewollt ausführt, während passives Stören eher auf das Unterlassen von erwünschtem oder gefordertem Verhalten bezogen ist. Zu den aktiven Unterrichtsstörungen zählen die vermutlich bekanntesten und gängigsten Formen wie verbale Störungen (heimliche Gespräche und Schwätzen mit den

Sitznachbar:innen, ungewünschte Kommentare oder „reinrufen", Streitigkeiten oder aggressives Verhalten, ...) und nonverbale Störungen (heimliche Handynutzung, bereits für ein anderes Fach lernen, auf den Tisch malen, ...). Auch motorische Unruhe kann den Unterricht ungemein stören, indem durch Verhaltensweisen wie Zappeln, mit dem Stuhl zu kippeln, Materialien frühzeitig zusammenzupacken oder Papierkügelchen zu werfen, das konzentrierte Arbeitsklima beeinträchtigt wird.

Ebenso negativ können sich die passiven Unterrichtsstörungen auswirken. Der oder die Lernende weigert sich hierbei, so am Unterricht teilzunehmen, wie es eigentlich von ihm oder ihr erwartet wird. Es kommt also beispielsweise dazu, dass nicht oder kaum mitgearbeitet wird, Unaufmerksamkeit und Desinteresse offen preisgegeben werden (z. B. durch offensichtliches, lautes Gähnen oder Nichtbearbeiten von Arbeitsaufträgen), Hausaufgaben nicht erledigt werden oder der oder die Schüler:in einfach geistesabwesend im Unterricht sitzt und nicht zuhört. Natürlich kann es auch vorkommen, dass Lernende entweder unpünktlich oder auch gar nicht zum Unterricht erscheinen.

Auf den ersten Blick wirkt es nun also so, als wären hauptsächlich die Schüler:innen verantwortlich für die Unruhen, die im Klassenzimmer entstehen. Es lohnt sich jedoch auch, einmal die Perspektive zu wechseln und zu erkennen, wie die Lehrenden selbst für Unterrichtsstörungen sorgen können. Einige wenige Beispiele hierfür sind längere Diskussionen mit einzelnen Schüler:innen, mangelnde Kontrolle über den Störpegel in der Klasse, schlechte Organisation des eigenen Unterrichts (z. B. „den roten Faden verlieren") oder auch unklare Arbeitsanweisungen, sodass es zu Unruhen kommt.

Natürlich können auch externe Störungen des Unterrichts auftreten, für die weder Lehrende noch Lernende verantwortlich sind. Hierzu zählen äußere Einflüsse wie Lärm durch Bauarbeiten oder Straßenverkehr, unangemeldete Besucher:innen im Klassenzimmer oder das Wetter.

URSACHEN DER UNTERRICHTSSTÖRUNGEN

Nachdem ich Ihnen im vorangegangenen Kapitel bereits einige Erscheinungsformen der Unterrichtsstörungen nähergebracht habe, ist es nun an der Zeit, einen Überblick über die unterschiedlichen Ursachen der Unterrichtsunterbrechungen zu schaffen. Was bringt den ersten Schüler dazu, seinen Sitznachbarn mit einem Papierflieger zu bewerfen? Wieso nutzt die zweite Schülerin jede Gelegenheit, die Lehrperson zu provozieren? Und was bewegt den dritten Schüler dazu, geistesabwesend im Unterricht zu sitzen und sich nie zu beteiligen? Sie denken nun vielleicht, dass es für Sie als Lehrkraft eigentlich egal ist, aus welchen Beweggründen ihre Schüler:innen handeln.

Sie glauben möglicherweise, dass es lediglich entscheidend ist, Handlungsmöglichkeiten und Sanktionen für störendes Verhalten zu kennen. Ich kann Ihnen jedoch versichern: Häufig kann es wirklich hilfreich sein, genauer hinzusehen und Ursachen zu hinterfragen. Dies kann Ihnen dabei helfen, ein besseres Verständnis für Ihre Schüler:innen und deren Handlungen zu erlangen und dazu führen, dass Sie Ihre Einflussmöglichkeiten besser erkennen und adäquat einsetzen können.

Ebenso zahlreich wie die verschiedenen Arten von Unterrichtsstörungen sind auch ihre Ursachen. Dabei kann man stets davon ausgehen, dass die Handlung eines oder einer Schüler:in stets multikausal bedingt ist – also aus mehr als einer einzigen Ursache hervorgeht. Dies macht die Ursachenklärung für ein bestimmtes Verhalten sehr komplex und es ist häufig nicht möglich, einen bestimmten Beweggrund für ein Verhalten festzulegen. Allgemein lässt sich zwischen endogenen und exogenen Faktoren für die Entstehung von Unterrichtsstörungen unterscheiden.

Endogene Faktoren

Zu den endogenen Faktoren für Unterrichtsstörungen zählen im Allgemeinen alle Aspekte des Innenlebens eines Menschen, wie seine Persönlichkeitsstruktur, Gefühle oder persönliche Wünsche und Neigungen. Da sowohl Schüler:innen als auch Lehrkräfte für Störungen des Unterrichts verantwortlich sein können, werde ich die Ursachenbildung im Folgenden getrennt aufführen.

Endogene Faktoren aufseiten der Schüler:innen

Bereits die eigene Persönlichkeit kann einen großen Einfluss darauf haben, ob Lernende dazu neigen, den Unterricht zu stören oder eher nicht. Bedingt durch genetische Veranlagung, Erziehung und frühe Kindheitserfahrungen entwickeln sich Kinder zu unterschiedlichen Charakteren mit einer individuellen Persönlichkeit. Es ist bereits in jungen Jahren erkennbar, dass extrovertierte und kommunikative Kinder häufiger im Unterricht auffallen, da sie stets den Kontakt zu ihren Mitmenschen suchen, während sich ruhige und in sich gekehrte Kinder eher zurücknehmen und unauffälliger verhalten.

Tipp: Schenken Sie kleinen Störungen wie Zwischenrufen zunächst nicht allzu viel Aufmerksamkeit, sonst erreichen die Schüler:innen ihr exaktes Ziel und die Verhaltensweisen werden folglich immer häufiger auftreten. In der Psychologie spricht man hierbei von „positiver Verstärkung".

Ein häufiger Grund, weshalb Schüler:innen den Unterricht stören, ist, dass sie ihrem Bedürfnis nach Aufmerksamkeit und Anerkennung nachgehen. Durch lustige Kommentare und Provokationen der Lehrkraft möchten sie von ihren Mitmenschen wertgeschätzt werden und Sympathiepunkte bei den Mitschüler:innen sammeln. Die „Klassenclowns" sind häufig sehr beliebt in ihrer Klasse, da sie als lustig, mutig und locker gelten. Um diesen Status nicht zu verlieren und weiterhin die Anerkennung ihrer Klassenkamerad:innen zu gewähren, wiederholen sie ihr Verhalten häufig.

Besonders in der Pubertät steigt der soziale Druck für Jugendliche, ihren Mitmenschen zu gefallen und von ihnen akzeptiert zu werden. Dem Unterricht aufmerksam zu folgen, gilt häufig nicht als „cool", und so nutzen Jugendliche Unterrichtsstörungen, um den Erwartungen ihrer Freunde gerecht zu werden und zu einer sozialen Gruppe dazuzugehören.

Häufig kann auch die Über- oder Unterforderung mit dem Unterricht zu störendem Verhalten führen. Bei Unterforderung möchten die Schüler:innen beispielsweise ihrer Langeweile Ausdruck verleihen, indem sie sich unterhalten oder anderweitig beschäftigen. Überforderung hingegen kann bewirken, dass sich die Lernenden bewusst vom Unterricht zurückziehen, um ihre eigenen Mängel zu vertuschen. Sie werden also zum Beispiel einen Arbeitsauftrag nicht bearbeiten, da sie diesen nicht verstanden haben oder sich eingeschüchtert von ihren Mitschüler:innen fühlen, die mit den Aufgaben besser zurechtkommen. So wird versucht, die eigenen Unsicherheiten zu überspielen.

Unterrichtsstörungen können jedoch auch reaktiv auf erfahrende Ungerechtigkeiten eingesetzt werden. Ganz egal, ob die Enttäuschung über eine schlechte Note, eine Streitigkeit mit der Lehrkraft oder der Ärger über eine Zurechtweisung durch die Lehrperson – ein Klassenzimmer ist stets voller Konfliktpotenzial. Störendes Verhalten kann hierbei ganz gezielt eingesetzt werden, um sich direkt an dem oder der Lehrer:in zu rächen und sich zur Wehr zu setzen, ungeachtet dessen, ob es sich nun um eine subjektiv empfundene Ungerechtigkeit oder ein wirkliches Fehlverhalten der Lehrkraft handelt. Hierbei wollen die Schüler:innen häufig auch austesten, wie weit sie mit ihrem Verhalten gehen können, ohne sanktioniert zu werden, und streben nach einer gewissen Macht und Handlungskontrolle in ihrer Klasse.

Natürlich kann auch eine Fülle an anderen Faktoren zur Entstehung von störenden Verhaltensweisen beitragen. Dies beginnt bei aktuellen Gemütszuständen wie Stress, Ermüdung und geringer Motivation aufseiten der Lernenden und umfasst auch persönliche Probleme wie Beziehungs- oder Familienprobleme und sonstige Konflikte mit dem sozialen Umfeld, die die Aufmerksamkeit und Konzentration beeinträchtigen können. Auch schwerwiegende Probleme, wie zum Beispiel Entwicklungsverzögerungen oder psychische Störungen (ADHS, Depressionen, Traumata, ...), können Grund für Störverhalten im Unterricht sein. Falls Verdacht auf solche ernst zu nehmenden Probleme besteht, sollten Sie auf jeden Fall das Gespräch mit dem oder der betroffenen Schüler:in suchen und gegebenenfalls seine oder ihre Eltern oder andere Beratungsstellen kontaktieren.

Endogene Faktoren aufseiten der Lehrkräfte
Die Lehrkräfte haben einen ungemein großen Einfluss darauf, wie flüssig das Unterrichtsgeschehen verläuft, und können durch Fehlverhalten ebenso stark wie Schüler zu Unterrichtsstörungen beitragen. Eine mögliche Ursache für das Auftreten von Störverhalten ist es, dass die Lehrer:innen

mangelndes Durchsetzungsvermögen und fehlende Erziehungsbereitschaft ausstrahlen und sich bei Unterrichtsstörungen inkonsequent verhalten.

So kann es zum Beispiel sein, dass die Lehrkräfte zwar zu Beginn des Schuljahres Klassenregeln aufstellen und auch Bestrafungen bei Störverhalten androhen, diese jedoch nie umsetzen. Dies führt zu einer steigenden Unglaubwürdigkeit der Lehrperson und die Schüler:innen gewinnen aufgrund der fehlenden Konsequenzen mehr und mehr das Gefühl, sich in diesem Unterricht „alles erlauben zu können", da sie wissen, dass ihr Fehlverhalten unbestraft bleibt.

Ein generell schlecht vorbereiteter, unorganisierter Unterricht kann oftmals zu Unruhen im Klassenzimmer führen. Die fehlende Struktur in den Schulstunden kann den Unterrichtsfluss hemmen und für Verwirrung und Über- bzw. Unterforderung der Lernenden sorgen, was wiederum in vermehrten Zwischenrufen und Gesprächen mit dem oder der Sitznachbar:in resultiert. Ist die Lehrkraft selbst unmotiviert, spricht auf monotone Art und Weise und wirkt am eigenen Stoff desinteressiert, schafft sie es wohl nicht, ihre Schüler:innen vom vermittelten Wissen zu begeistern. Da kann die Unterhaltung mit den Klassenkamerad:innen doch nur spannender sein.

Wird die Lehrkraft als autoritär wahrgenommen und zeichnet sich durch ungerechtes Behandeln der Schüler:innen aus, so wird es auch in diesem Unterricht häufig zu Störungen kommen. Durch fehlende Wertschätzung, mangelnden Respekt gegenüber den Lernenden und eine unfaire Notenvergabe macht sich eine Lernperson bei ihren Schüler:innen häufig äußerst unbeliebt, was kurzfristig oder auch auf lange Sicht das Frustrationslevel in der Klasse und das Bedürfnis, sich an der Lehrkraft zu „rächen", steigern kann.

Exogene Faktoren
Im Gegensatz zu den endogenen Faktoren sind die exogenen Ursachen für Unterrichtsstörungen extern bedingt, liegen also nicht direkt an den Schüler:innen und Lehrkräften selbst, sondern kommen durch Einflüsse von außen zustande. Ein großes Problem dieser Faktoren ist es, dass sie kaum oder nur sehr schwer durch die Lehrkräfte beeinflussbar sind.

AMKE DANNEN

Rahmenbedingungen des Unterrichts

Wann findet der Unterricht statt? In welchem Klassenzimmer? Wie sind die Wetterbedingungen? All dies kann die Aufmerksamkeit und Motivation der Lernenden sehr stark beeinflussen und so zur Tendenz, den Unterricht zu stören, beitragen. Die Stundenplangestaltung steht dabei häufig in einem direkten Zusammenhang mit der Konzentrationsfähigkeit der Schüler:innen.

Folgt beispielsweise eine Doppelstunde eines anstrengenden Hauptfachs wie Mathematik oder Deutsch auf den Sportunterricht und findet dies auch noch in den letzten Unterrichtsstunden vor dem Wochenende statt, ist es nur logisch, dass die Motivation, sich erneut zu konzentrieren, zu dieser Zeit entsprechend gering ist. Liegt ein anstrengender, langer Schultag mit Nachmittagsunterricht hinter den Lernenden oder wurde eine Klassenarbeit geschrieben, sind die Lernenden häufig überanstrengt und besonders in den letzten Stunden kaum mehr aufnahmefähig für weiteren Unterrichtsstoff. Ist ja auch verständlich:

Niemand ist in der Lage dazu, ununterbrochen aufmerksam zu sein! Ebenso äußere Einflüsse wie Lärmbelästigung von einer befahrenen

Hauptstraße oder Baustelle oder die Hitze bedingt durch ein Klassenzimmer im obersten Stockwerk kann sich negativ auf die Konzentrationsfähigkeit der Klasse auswirken und zu Unruhen führen.

Sozialisation und Erziehung

Auch das Elternhaus, aus dem die Schüler und Schülerinnen stammen, hat große Auswirkungen auf ihr Verhalten in der Schule. Lernen die Kinder durch strenge Erziehung und kulturelle Einflüsse von klein auf, gewisse Normen, Werte und Verhaltensstandards zu erfüllen und sich Regeln unterzuordnen, werden sie sich wohl, im Gegenzug zu Kindern, die eine eher lockere Erziehung erfahren haben, auch in der Schule eher an die Klassenregeln halten, ohne zu stören oder negativ aufzufallen.

Zudem kann es auch zwischen einzelnen Schulen zu Unterschieden im Schülerverhalten kommen. Während es auf sozial privilegierten Privatschulen in einem reicheren Stadtviertel wohl eher wenig Toleranz für Unterrichtsstörungen gibt und Disziplin großgeschrieben wird, gehören diese auf einem staatlichen Gymnasium in einem kleineren Dorf vielleicht zur Tagesordnung dazu.

FOLGEN VON UNTERRICHTSSTÖRUNGEN

Dass Unterrichtsstörungen nicht gerade förderlich für ein angenehmes Klassenklima und einen reibungslosen Unterrichtsverlauf sind, sollte Ihnen ja bereits bewusst sein. Doch welche weitreichenden Folgen bringt das Störverhalten mit sich, das vielleicht sogar langfristige Auswirkungen auf Lehrkräfte und Schüler:innen haben kann?

Auswirkungen auf den Unterrichtsfluss und die Schüler:innen

In Deutschland werden durchschnittlich lediglich 65 % der Schulstunde für produktiven Unterricht und Vermittlung des Lernstoffs genutzt. Die restlichen 35 % (also ca. 15 min pro Stunde!) müssen grundsätzlich dafür verwendet werden, mit Störungen und abweichendem Schülerverhalten umzugehen, Schüler:innen zurechtzuweisen und sie zu Ruhe und Disziplin im Klassenzimmer aufzufordern. Dieser Prozentsatz kann natürlich je nach Klasse und Unterricht abweichen, stellt jedoch einen ungefähren Schätzwert dafür dar, wie viel Zeit regelmäßig durch Unterrichtsstörungen verloren geht.

Dieser Verlust aktiver Lernzeit kann dazu führen, dass die Lehrkräfte ihren Zeitplan nicht einhalten können und es nicht schaffen, den gesamten Lernstoff, den sie für diese Unterrichtsstunde eingeplant haben, zu vermitteln. Da dieser dann häufig in die nächste Stunde geschoben werden muss, wo sich das ganze Prozedere wiederholt, kann es vorkommen, dass es die Lehrer:innen bis zum Ende des Schuljahres nicht schaffen, den gesamten Unterrichtsstoff nachzuholen und alle Themen des Lehrplans zu unterrichten. Dieser Lernstoff geht dann häufig verloren, hinterlässt Wissenslücken und kann den Schüler:innen als Grundlage in den nächsten Schuljahren fehlen.

Unterrichtsstörungen sorgen auch dafür, dass die generelle Qualität des Unterrichts sinkt. Durch häufige Unterbrechungen der Schulstunde fällt es sowohl Schüler:innen als auch Lehrkräften schwer, sich auf den eigentlichen Sinn des Unterrichts, den Lernstoff, zu konzentrieren. Ein fokussiertes Arbeiten ist häufig kaum mehr möglich. Dies kann zur Folge haben, dass den Lernenden der Unterrichtsstoff durch die geringe Aufnahmefähigkeit nicht effektiv vermittelt werden kann und sie diesen entweder zu Hause selbst erarbeiten müssen oder sie in Schulaufgaben oder anderen Leistungsnachweisen mit Verständnisproblemen zu kämpfen haben.

Problematisch ist, dass die Unterrichtsstörungen nicht nur die einigen wenigen Schüler:innen negativ beeinflussen, die sich in der Klasse auffällig verhalten, sondern Auswirkungen auf die gesamte Schulklasse haben. Insbesondere die ruhigeren Mitschüler:innen, die sich gern auf den Unterricht konzentrieren möchten, leiden unter der geringen Unterrichtsqualität.

Die Lehrer-Schüler Beziehung kann durch Störverhalten häufig auf die Probe gestellt werden. Klar, selbst die geduldigste und gefassteste Lehrperson kann zur Weißglut gebracht werden, wenn ihr Unterricht dauerhaft unterbrochen wird und alle ihre Bewältigungsversuche erfolglos bleiben. Dies kann häufig dazu führen, dass Lehrkräfte einen gewissen Groll gegenüber bestimmten Schüler:innen hegen und es ihnen schwerfällt, sie weiterhin vorurteilsfrei und genauso wie den Rest der Klasse zu behandeln.

Manchmal kann dies sogar gemeine Kommentare oder unfaires Verhalten aufseiten der Lehrkraft hervorrufen. Auch die störenden

Schüler:innen selbst werden bemerken, dass der oder die Lehrer:in ihnen gegenüber nicht gerade wohlgesonnen ist, und entwickeln durch die ständigen Zurechtweisungen eine negative Einstellung oder sogar Aggression der Lehrperson gegenüber. Um ihrer Abneigung Ausdruck zu verleihen, werden die Schüler:innen vermutlich versuchen, den Unterricht immer weiter und offensichtlicher zu stören und die Lehrkraft so zu provozieren.

Auswirkungen auf die Lehrergesundheit
Wird der Unterricht oftmals unterbrochen, hat dies nicht nur negative Folgen für die Lernenden selbst, sondern kann auch die Lehrkraft stark psychisch und emotional belasten. Wenn man seine Klasse ständig zu Ruhe und Disziplin verordnen und sich auf Diskussionen mit störenden Schüler:innen einlassen muss, so kann dies schnell sehr anstrengend werden. Gerade deshalb ist schon lange bekannt, dass Unterrichtsstörungen in einem engen und direkten Zusammenhang mit der Lehrergesundheit stehen. In den letzten Jahrzehnten wurden zu diesem Thema bereits zahlreiche Lehrerbelastungsstudien durchgeführt, welche

empirisch beweisen, dass Störungsverhalten im Unterricht der schwerwiegendste Belastungsfaktor für Lehrkräfte darstellt (Bauer 2004, Krause 2004, Schaarschmidt 2004).

Mehr als 90 % der Lehrer:innen benennen Unterrichtsstörungen als den Nummer 1 Auslöser von Stress im Lehrerdasein. Das ständige Zurechtweisen der Lernenden, die Unruhe und auch größere Konfliktsituationen können die Lehrkräfte überfordern und je nach Ausmaß und Dauer der Unterrichtsstörungen auch ernstere psychische Probleme wie Burn-out oder depressive Symptomatiken nach sich ziehen. Dies kann insbesondere dann der Fall sein, wenn die Lehrperson das Gefühl hat, ihre Klasse „einfach nicht in den Griff zu bekommen".

Dauerhafte Störungen des Unterrichts können auch Selbstzweifel an der Lehrkraft selbst, ihren Kompetenzen und an ihrem Unterrichtsstil hervorrufen, da das Störverhalten der Schüler:innen persönlich genommen und als negatives Feedback für die Unterrichtsgestaltung gewertet wird. Davon sind ganz besonders junge Lehrer:innen betroffen, die noch nicht allzu viel Erfahrung im

Lehrerdasein und im Umgang mit Störverhalten im Unterricht gewonnen haben.

Die Lehrer:innen haften sozusagen persönlich für jede einzelne Störung und machen Ihre mangelnde Durchsetzungsfähigkeit dafür verantwortlich. Dies kann dazu führen, dass sie sich mit anderen Lehrkräften, welche mit der Klasse vielleicht besser zurechtkommen, vergleichen, und ihre eigenen Fähigkeiten hinterfragen. Mit dieser Einstellung kann es vorkommen, dass Betroffene den Herausforderungen eines Klassenzimmers auf Dauer nicht gewachsen sind. Insgesamt wirken sich Unterrichtsstörungen also negativ auf die berufliche Zufriedenheit der Lehrkräfte, den Spaß am Unterrichten und auch darüber hinaus auf die eigene Psyche aus.

Mit Unterrichtsstörungen richtig umgehen

Nachdem Sie in den letzten Kapiteln in die theoretischen Aspekte der Unterrichtsstörungen eintauchen konnten, ist es nun an der Zeit, Ihr Wissen durch praktische Tipps zu ergänzen und Ihnen Tipps und Strategien an die Hand zu geben, um das Auftreten von Unterrichtsstörungen in Ihrem Klassenzimmer zu reduzieren und im Falle von Störverhalten professioneller und adäquater darauf zu reagieren. Eine solche Handlungskompetenz ist essenziell, um den Schüler:innen einen effektiven Unterricht in einem angenehmen Lernklima zu gewähren und für Ihre eigene mentale Gesundheit im Job zu sorgen. In diesem Kapitel erfahren Sie hierfür zunächst alles Notwendige zu präventiven Maßnahmen zur Vorbeugung von Unterrichtsstörungen, die durch Ursacheneliminierung, gute Planung und Organisation des Unterrichts eine positive Atmosphäre sowie ein Klassenklima herstellen, in dem man sich konzentrieren kann und gern lernt.

Der Raum für Unterrichtsstörungen wird hierdurch minimiert. Da eine vollständige Eliminierung von Störverhalten im Unterricht natürlich ein utopisches Ziel darstellt, ist es ebenso wichtig zu wissen, wie man angemessen auf unerwünschtes Verhalten aufseiten der Schüler:innen reagieren kann. Im letzten Kapitel dieses Buchs werden Sie daher Schritt für Schritt durch mögliche Handlungsschritte in der Störsituation geführt und Sie werden erfahren, welche Regeln Sie dabei unbedingt beachten müssen.

PRÄVENTIVE STRATEGIEN

Den Königsweg im Umgang mit Unterrichtsstörungen stellt mit Sicherheit die Prävention von Störverhalten dar. Dies hat den simplen Grund, dass jede Reaktion auf Unterrichtsstörungen, jede Intervention und jede Maßnahme selbst das Unterrichtsgeschehen weiter unterbricht und zu einem Verlust echter Lernzeit führt. Prävention hingegen befasst sich mit der Ursachenbekämpfung von Unterrichtsstörungen und soll daher dafür sorgen, dass diese gar nicht erst auftreten können. Wenn Sie es also schaffen, die Auslöser für Unterrichtsstörungen im Vorfeld zu beseitigen und Ihren Unterricht so zu organisieren, dass der Raum für Unterrichtsstörungen minimal ist, so haben sie bereits einen äußerst großen Schritt in Richtung eines entspannten und möglichst störungsfreien Unterrichts getan.

Wie Ihnen eine gute Vorbereitung und Gestaltung des Unterrichts, Präsenz- und Stopp-Signale, klar definierte Regeln für Ihr Klassenzimmer sowie eine positive Lehrer-Schüler-Beziehung bei der Erreichung dieses Ziels helfen können, erfahren Sie in diesem Kapitel.

Die Punkte und Techniken zu einer guten Störungsprävention, die ich im Folgenden ansprechen werde, sind angelehnt an die Forschungen von Jacob Kounin (2006), welcher sich intensiv mit dieser Thematik auseinandergesetzt hat und durch Videoaufnahmen und Analysen von vielen hunderten Unterrichtsstunden die zentralen Punkte für eine wirksame Prävention von Unterrichtsstörungen herausgearbeitet hat. Er vertritt, ebenso wie viele weitere Unterrichtsforscher, den Standpunkt, dass Unterrichtsstörungen durch eine effiziente Klassenführung vermeidbar sind.

Unterrichtsvorbereitung und -gestaltung
„Das beste Mittel gegen Unterrichtsstörungen ist ein guter Unterricht!" Dieses Zitat von Hilbert Meyer, einem deutschen Pädagogen, artikuliert einen unglaublich wichtigen Aspekt zur Reduktion von Unterrichtsstörungen: nämlich die Vorbereitung und Gestaltung Ihres Unterrichts an sich. Doch was macht einen Unterricht eigentlich „gut"? Obwohl dies einen äußerst komplexen Sachverhalt darstellt, kann man vor allem drei grundlegende Voraussetzungen anführen, die zur Vorbeugung von Unterrichtsstörungen beitragen:

der Unterrichtsfluss, die breite Aktivierung Ihrer Schüler:innen und das Aufrechterhalten von Routinen und Ritualen in Ihrem Unterricht.

So stellen Sie ein flüssiges Unterrichtsgeschehen her

Das Wichtigste zuerst: Auf die Vorbereitung kommt es an! Wer sich nicht ordentlich auf den Unterricht vorbereitet und keinem roten Faden während der Schulstunde folgt, der wirkt planlos, unstrukturiert und bietet idealen Nährboden für die Entstehung von Unruhen.

Deswegen ist es von ungemeiner Bedeutung, dass Sie bereits im Vorfeld den Ablauf Ihrer Unterrichtsstunde festlegen. Was sind die Lernziele für diese Stunde? Welche Materialien möchten Sie verwenden? Wie viel Zeit planen Sie für welche Aufgaben ein? Achten Sie darauf, dass Ihre Unterrichtsstunde dabei immer einem logischen Aufbau folgen sollte, an dessen Ende die Erreichung des festgesetzten Lernziels steht. Um einen reibungslosen Unterrichtsfluss herzustellen, der keine Zeit für Unterbrechungen liefert, ist es von besonderer Relevanz, unnötige Pausen oder Lücken im Unterrichtsgeschehen zu vermeiden, in denen rein gar nichts passiert. Es sind nämlich insbesondere diese Pausen, die die Schüler:innen aus ihrer Konzentrationsphase reißen und sie mit ihrer Aufmerksamkeit abschweifen lassen.

Sie sollten also beispielsweise nicht allzu viel Zeit mit dem Austeilen von Arbeitsmaterialien verbringen oder durch Probleme mit der Technik den Unterrichtsverlauf verzögern. Versuchen Sie nach Möglichkeit, alle Materialien bereits im Vorfeld der Stunde bereitzulegen und den Computer oder das Medium, welches Sie verwenden möchten, schon vor der Stunde anzuschalten und einsatzbereit zu halten. Machen Sie sich daher unbedingt im Vorfeld mit dem Umgang mit der entsprechenden Technik vertraut.

Dies strahlt Professionalität aus und hilft Ihnen dabei, fließende und zügige Übergänge zwischen den einzelnen Phasen des Unterrichts herzustellen, sodass keine unnötigen Wartezeiten entstehen. Achten Sie zudem auf eine klare Strukturierung Ihres Unterrichts, eine transparente Vorgehensweise (also den Lernenden deutlich zu kommunizieren, was das Lernziel der jeweiligen Unterrichtsstunde ist) und eindeutige und leicht verständliche Arbeitsanweisungen. Dies kann Unruhen durch Missverständnisse,

Verständnisprobleme und Sinnfragen vermeiden, welche den Unterrichtsfluss beeinträchtigen.

So können Sie für eine breite Aktivierung Ihrer Klasse sorgen

Eine breite Aktivierung der Lernenden bedeutet hauptsächlich, das Interesse Ihrer Schüler:innen für den zu vermittelnden Lernstoff zu wecken und dieses auch während der gesamten Unterrichtsstunde aufrechtzuerhalten. Man spricht hierbei auch häufig von einem „Gruppen-Fokus", also einer konzentrierten Atmosphäre der gesamten Klasse. Diese Aktivierung kann sowohl durch intrinsische als auch extrinsische Motivation geschehen. Intrinsisch bedeutet hierbei, dass sich die Schüler:innen tatsächlich für den Lernstoff begeistern können und von innen heraus motiviert sind, diesen aufzunehmen und zu verstehen. Sie hören im Unterricht gern zu und möchten mehr über ein gewisses Thema erfahren.

Ein solches Interesse können Sie als Lehrkraft hervorrufen, indem Sie den Lernenden näherbringen, wieso dieses Thema, über welches sie gerade lernen, besonders relevant ist. Hier bietet es sich beispielsweise besonders an, einen Alltagsbezug herzustellen oder die Aktualität der Thematik aufzuweisen. Auch eine abwechslungsreiche Gestaltung des Unterrichts ist wichtig, um den Fokus in der Klasse aufrechtzuerhalten. Es ist durchaus logisch und nachvollziehbar, dass sich die Schüler:innen nach der 10. Gruppenarbeit langweilen oder sie nicht stundenlangen Monologen von Lehrkräften folgen möchten. Durch Abwechslung in Ihrer Unterrichtsplanung bleiben Ihre Schulstunden spannend und Sie sorgen für positive Überraschungen bei Ihren Schüler:innen.

Tipp: Reißen Sie Ihre Schüler:innen bereits zu Beginn der Stunde mit! Nutzen Sie einen interessanten Unterrichtseinstieg, um Relevanz und Aktualität des Lernstoffs aufzuweisen. Hierfür eignen sich Statistiken, Kurzfilme, Nachrichten, ...

In der heutigen Zeit ist es besonders wichtig, zeitgemäß zu unterrichten und die Lernenden bei Ihren Interessen abzuholen, weshalb ich Ihnen den Einsatz von Medien ebenfalls für einen abwechslungsreichen und schwungvollen Unterricht ans Herz legen würde. Die Möglichkeiten hierfür sind unbegrenzt: Filme, Erklärvideos auf YouTube, eigene Recherchearbeiten für Ihre Schüler:innen, interaktive Quizspiele, ...

Seien Sie kreativ! Natürlich besteht immer die Möglichkeit, Ihre Klasse in die Unterrichtsplanung einzubeziehen. Fragen Sie nach: Wie möchten Ihre Schüler:innen am liebsten lernen? Durch einen einfachen Fragebogen zu Beginn des Schuljahres können Sie beispielsweise herausfinden, welche Art von Unterricht die Lernenden am ansprechendsten finden oder welche Thematiken sie besonders intensiv behandeln möchten. So tragen Sie nicht nur zu einer positiven Schüler-Lehrer-Beziehung bei, sondern es gelingt es Ihnen noch besser, den Unterricht anhand der Interessen Ihrer Klasse individuell zu gestalten.

Eine weitere Strategie, um die Aufmerksamkeit innerhalb einer Unterrichtsstunde aufrechtzuerhalten, ist es, ein aktivierendes Frageverhalten zu integrieren, welches sich durch die gesamte Schulstunde zieht. Durch häufiges Fragen und Aufrufen von vielen unterschiedlichen Schüler:innen fühlen sich möglichst alle Teilnehmer des Unterrichts angesprochen und werden so an das Unterrichtsgeschehen gebunden. Hier kommt die extrinsische Motivation, in den Schulstunden aufzupassen, ins Spiel. Durch das Vergeben von Mitarbeitsnoten, die dem Verhalten der Schüler:innen entsprechen, oder angekündigten Leistungsnachweisen („In der nächsten Stunde frage ich euch über dieses Thema aus, also passt gut auf!") können Sie die Lernenden besser dazu bringen, sich im Unterricht zu beteiligen und sich nicht ablenken zu lassen.

Der wichtige Einfluss von Ritualen und Routinen
Obwohl im vergangenen Absatz ja bereits die Wichtigkeit eines abwechslungsreichen Unterrichts herausgestellt wurde, um Langeweile zu verhindern und den Unterrichtsfluss zu gewähren, soll Ihnen nun nähergebracht werden, inwieweit auch Routinen und Rituale hilfreich sein können, um zur Vorbeugung von Unterrichtsstörungen beizutragen.

Es geht hierbei nicht darum, jede Stunde exakt gleich aufzubauen – das wäre ja wieder kontraproduktiv und würde Ihre Schüler:innen langweilen – vielmehr handelt es sich um Kleinigkeiten, die Sie in Ihren Unterricht einbauen können, um eine gewisse Regelhaftigkeit zu integrieren. Rituale können den Schulalltag rhythmisieren, geben

Sicherheit und können den Unterricht sinnvoll strukturieren.

Sie können Rituale nutzen, wenn Sie ein bestimmtes Verhalten Ihrer Schüler:innen erwarten. Denkbar sind hier zum Beispiel Ruhesignale zu Beginn der Stunde, möglicherweise durch einen dreifachen Gongschlag oder eine Klangschale, welche Sie einsetzen, und dann warten, bis Ruhe im Klassenzimmer einkehrt. Erst dann beginnen Sie mit dem Unterrichten. Dieses Ritual hat eine beruhigende Wirkung und signalisiert Ihren Schüler:innen, dass es nun Zeit ist, still zu sein und die Aufmerksamkeit auf den Unterricht zu lenken. Die Klangschale ist auch beliebig oft im Lauf einer Schulstunde einsetzbar, zum Beispiel zum Ende einer Gruppenarbeit oder auch, wenn generelle Unruhe aufkommt, und fungiert somit als eine Art „Stille-Signal".

Je nach Schulklasse und Altersgruppe sind auch andere wiederkehrende Gewohnheiten denkbar, die Ihren Unterricht strukturieren. Besonders hilfreich sind Anfangs- und Endrituale, die die Schulstunde in einen sinnvollen Rahmen einbetten. Für jüngere Schüler:innen eignen sich hier insbesondere interaktive Aktivitäten, wie ein gemeinsames Lied oder Gebet zu Beginn der Stunde, ebenso wie ein Morgenkreis in der ersten Stunde nach dem Wochenende, bei dem die Kinder von ihren Erlebnissen berichten dürfen.

Hierdurch wird Ihr Unterricht um einiges persönlicher gestaltet und der Klasse wird ein angenehmer Einstieg in das Unterrichtsgeschehen erlaubt. Bei den bereits etwas älteren Schüler:innen sind auch ganz simple Gewohnheiten wie das kurze Stoßlüften des Klassenzimmers zu Stundenbeginn, ein interessanter und informativer Unterrichtseinstieg (der jedoch immer unterschiedlich sein sollte!) oder eine kurze Wiederholung der wichtigsten Punkte der letzten Schulstunde denkbar. Zum Ende einer Unterrichtsstunde gilt es zu beachten, dass Sie idealerweise einige Minuten vor Ende der Stunde mit der Vermittlung des geplanten Stoffs fertig sein sollten. Dies lässt Ihnen Zeit, gemeinsam mit Ihren Schüler:innen ein kurzes Fazit der Schulstunde zu formulieren, die wichtigsten Aspekte der Thematik zusammenzufassen und gegebenenfalls das Thema der nächsten Stunde anzukündigen. Zudem können Sie die Hausaufgaben mit Ihrer Klasse besprechen und danach die Unterrichtsstunde pünktlich beenden.

Dies ist besonders wichtig, da die Konzentration der Schüler:innen zum Ende der Schulstunde stark absinkt, der Störpegel in der Klasse steigt und es schwierig ist, in den letzten Minuten des Unterrichts noch effektiv Stoff zu vermitteln. Falls es möglich ist, sollten Sie daher immer vermeiden, die Schulstunde zu überziehen und in die Pause hinein zu arbeiten. Dies sorgt lediglich für Stress sowohl für Sie als auch Ihre Schüler:innen.

Präsenz- und Stopp-Signale
Selbst der am besten vorbereitete und am interessantesten gestaltete Unterricht wird noch hin und wieder gestört werden. Dies hat einen simplen Grund: Egal, wie sehr Sie sich bemühen, das Verhalten von anderen Individuen werden Sie nie voll und ganz beeinflussen können. Worauf Sie allerdings einen großen Einfluss haben, ist es, wie Sie sich selbst verhalten und wie Sie sich Ihrer Klasse präsentieren. Und genau dies kann einen immensen Beitrag dazu leisten, wie Ihre Schüler:innen Sie wahrnehmen und wie sie sich Ihnen gegenüber verhalten.

Eine wichtige Voraussetzung für die Vorbeugung von Unterrichtsstörungen der Schüler:innen ist es, dass Sie Ihre Präsenz und Allgegenwärtigkeit im Klassenzimmer signalisieren. Kinder und Jugendliche, die Störverhalten im Unterricht zeigen möchten, vergewissern sich häufig zunächst, dass sie unbeobachtet sind und unbemerkt schwätzen oder sich anderweitig beschäftigen können. Unaufmerksamkeit kann der Auslöser für Unterrichtsstörungen sein. Dies gilt natürlich einmal abgesehen von offensichtlichen Provokationen oder gewollten Kommentaren und Zwischenrufen. Dadurch, dass Sie Ihren Schüler:innen signalisieren, dass Sie im Klassenraum präsent sind und alle Mitglieder der Klasse im Blick haben, werden Sie einen wichtigen Schritt zur Vorbeugung von Unterrichtsstörungen beitragen.

Es ist also wichtig, dass Sie sich einen guten Überblick über das Klassenzimmer verschaffen, beispielsweise durch eine geeignete Sitzordnung, und darauf achten, dass Sie mit Ihren Augen durchgehend durch das Klassenzimmer streifen. Kontraproduktiv ist es, mit dem Blick einzelne Schüler:innen zu fixieren oder die Sitzplätze am Rand des Raums zu ignorieren; jeder oder jede sollte das Gefühl vermittelt bekommen, Teil Ihres Blickfeldes zu sein, und sich angesprochen fühlen.

Strahlen Sie Präsenz aus, indem Sie eine aufrechte, offene Körperhaltung wahren, eine stehende Position einnehmen und sich dabei langsam durch den Raum bewegen. Seien Sie aufmerksam und achten Sie auf das Verhalten Ihrer Schüler:innen, denn so kann es möglich sein, Störquellen frühzeitig zu erkennen und präventiv darauf zu reagieren.

Sollte es zu vereinzelten Störungen des Unterrichts kommen, können Sie zunächst sogenannte Stopp-Signale verwenden, welche eine Ausweitung des Störverhaltens verhindern sollen. Dies kann einfache nonverbale Gesten umfassen, welche den Schüler:innen signalisieren, dass Sie sie bemerken und ein weiteres Stören des Unterrichts nicht gestatten. Einige Beispiele hierfür sind deutlicher Blickkontakt, leichtes Kopfschütteln oder einfache Handbewegungen (eine Hand heben als Zeichen für Stille oder Finger an die Lippen legen).

Äußerst effektiv kann es auch sein, mit einer etwas gesenkten Stimme weiterzusprechen und so die Unruhen im Klassenzimmer einzudämmen. Ein großer Vorteil dieser Stopp-Signale ist es, dass Sie den Unterrichtsfluss durch simple Reaktionen nicht weiter unterbrechen und bereits präventiv auf weitere Unterrichtsstörungen reagieren.

Weitere Strategien, die Sie insbesondere reaktiv auf Störverhalten im Unterricht einsetzen können, erfahren Sie im Kapitel „So gehen Sie mit Unterrichtsstörungen um".

Klare Regeln für das Miteinander

Ein diszipliniertes Arbeiten in Ihrem Klassenzimmer ist nicht möglich ohne das Festsetzen bestimmter Regeln. Während für ältere Schüler:innen zum Großteil bereits bekannt und selbstverständlich ist, wie sie sich in einem Klassenzimmer zu verhalten haben, brauchen insbesondere frisch gebackene Schulkinder feste Regeln an die Hand, an denen sie sich entlanghangeln und orientieren können. Es ist von ungemeiner Relevanz, dass Sie Ihren Schülerinnen und Schülern kommunizieren, welches Verhalten Sie von ihnen erwarten und welche Verhaltensweisen als unerwünscht gelten; es ist Voraussetzung für einen störungsfreien Unterricht.

Wenn Sie Verhaltensregeln in Ihrer Klasse integrieren möchten und bei den Schüler:innen ein Regelbewusstsein entwickeln wollen, kann es sinnvoll sein, diese schriftlich, zum Beispiel in Form eines Klassenvertrags, auszuarbeiten. Dies können Sie im besten Fall zu Beginn jedes Schul- oder Halbjahres einplanen. Wichtig ist dabei, Ihre Schüler:innen mit in den Prozess der Vertragserstellung zu integrieren und Ihnen nicht vorgefertigte Regeln aus dem Internet vorzusetzen. Das liegt daran, dass es natürlich leichter ist, sich an Regeln zu halten, die den eigenen Normen und Werten entsprechen. Binden Sie daher Ihre Klasse in die Festsetzung der Regeln ein, fragen Sie sie, welches Verhaltensweisen sie als besonders wichtig empfinden und wie sie zu einem gelungenen Unterricht beitragen können. Dadurch fühlen sich die Schüler:innen in ihren Wünschen ernst genommen und haben eine gesteigerte Akzeptanz der Verhaltensregeln.

Wichtig! Steigern Sie die Akzeptanz der Verhaltensregeln, indem Sie selbst regelkonform handeln. Klar – wer Pünktlichkeit und Ordnung von seinen Schüler:innen erwartet, sollte selbst auch ordentlich und pünktlich sein.

Zu beachten gilt es bei der Erstellung eines Klassenvertrags, dass die Regeln möglichst kurz und bündig, in einfacher Sprache und in Ich-

Formulierungen („Ich bin pünktlich", „Ich passe auf", „Ich arbeite im Unterricht mit") verfasst werden sollten. Eine ideale Menge stellen dabei ca. 7 Regeln dar. Nach der Festlegung der klaren Regeln sollten alle Ihrer Schüler:innen sowie Sie selbst den Vertrag unterzeichnen und dieser sollte für alle sichtbar im Klassenraum aufgehängt werden. So kann im Falle einer Störung des Unterrichts kurz auf die festgesetzten Klassenregeln verwiesen werden, beispielsweise, indem Sie mit dem Finger auf den an der Wand hängenden Vertrag zeigen.

Wichtig ist es auch, dass Sie Ihren Schüler:innen von Beginn an klar kommunizieren, wie Sie mit Regelverstößen umgehen möchten. Die besten Verhaltensregeln werden Ihnen nichts bringen, wenn Sie bei Nichtbeachtung keine Konsequenzen ziehen. Es kann hilfreich sein, mögliche Folgen von Unterrichtsstörungen schriftlich auf dem Klassenvertrag festzuhalten oder diese zumindest bei der Erstellung ausführlich mit Ihren Schüler:innen zu besprechen. Meist ist es gar nicht so wichtig, welche Konsequenzen Sie einführen, wichtig ist es nur, ein eindeutiges und bestimmtes

Verhalten zu zeigen und Ihre Maßnahmen wie angekündigt umzusetzen.

Sinnvoll kann es beispielsweise sein, spielerisch zu arbeiten und ein Ampel- oder Kartensystem in Ihren Unterricht zu integrieren. Das Verteilen von Gelben und Roten Karten eignet sich besonders dafür, wenn einzelne Schüler:innen mit negativem Verhalten auffallen und sich nicht an die Regeln halten. Sie können bei Fehlverhalten eines Schülers oder einer Schülerin zunächst die Gelbe Karte als Verwarnung in die Luft halten und dabei den Namen der Person aussprechen.

Damit signalisieren Sie dem Kind, dass ein weiterer Regelverstoß nicht geduldet wird. Stört das Kind den Unterricht trotzdem weiterhin, können Sie eine Rote Karte zeigen und die von Ihnen festgelegte Konsequenz ziehen; diese natürlich angepasst an die Schwere des Verhaltens, wie zum Beispiel eine Auszeit, Nacharbeit oder ein Gespräch mit den Eltern. Das Ampelsystem ist besser geeignet, wenn es sich um eine insgesamt eher unruhige Klasse handelt, bei der häufig mehrere Schüler:innen mit Unterrichtsstörungen auffallen. Sie können dazu eine selbst gebastelte Ampel aus Papier an die Wand neben den Klassenvertrag hängen, welche zunächst auf Grün steht. Wird es in der Klasse dauerhaft zu laut oder kommt es zu anderen Regelverstößen einzelner Personen, können Sie die Ampel zunächst auf Orange und später auch auf Rot umstellen. Bei einer roten Ampel kommt es dann schließlich zu bestimmten Maßnahmen wie einer Extraaufgabe für die ganze Klasse oder Gespräche mit den Eltern der störenden Schüler:innen.

Legen Sie auch fest, für welche Verhaltensweisen es in Ihrem Klassenzimmer eine „Null-Toleranz" gibt, also Situationen, die Sie nicht dulden und bei denen die Ampel sofort auf die Farbe Rot umspringt. Dies kann insbesondere rassistische Kommentare, Beleidigungen, Mobbing oder körperliche Gewalt einschließen. Im Gegenzug sollte es aber auch generell möglich sein, die Ampel erneut in den grünen Bereich zu verschieben, wenn die Klasse ein besonders vorbildliches Verhalten durch Mitarbeit und Aufmerksamkeit oder andere gewünschte

Verhaltensweisen jeglicher Form zeigt. Hier können Sie spielerisch Regeln der positiven Verstärkung einsetzen: Schafft es die Klasse zum Beispiel, die Ampel für eine Woche auf Grün zu halten, so könnten Sie beispielsweise eine Hausaufgabe weniger aufgeben oder die Klasse mit einem selbst gebackenen Kuchen belohnen. Die Möglichkeiten hier sind endlos, versuchen Sie jedoch, so einheitlich wie möglich vorzugehen, um das System zu vereinfachen und zu strukturieren. Das Ampelsystem ist eine tolle Möglichkeit, gewünschtes Verhalten zu verstärken, Unterrichtsstörungen einzudämmen und es kann darüber hinaus den Klassenzusammenhalt stärken, indem sich die Schüler:innen gemeinsam motivieren, die Ampel auf der Farbe Grün zu halten.

Die Lehrer-Schüler-Beziehung

Wie Ihre Schüler:innen Sie sehen, wird einen immensen Einfluss darauf haben, ob sie Sie als Autoritätsperson wahrnehmen und sich an Ihre Unterrichtsregeln halten oder nicht, ob sie sich im Unterricht beteiligen oder ob sie häufig nicht aufpassen und durch störendes Verhalten auffallen. So gilt auch eine gute Lehrer-Schüler-Beziehung als wichtige Präventionsmaßnahme für Unterrichtsstörungen. Das Stichwort hierfür ist „positive Autorität". Sie sollten zwar von Ihren Schülerinnen und Schülern als Autoritätsperson wahrgenommen und akzeptiert werden – sonst können Sie keine Klasse führen, Ihre Schüler:innen nicht disziplinieren und sich nicht durchsetzen –, aber auch einen guten Zugang zu Ihren Schüler:innen haben und als Person fungieren, welcher man vertrauen kann.

Für eine positive Lehrer-Schüler-Beziehung ist es sehr wichtig, dass Sie Ihren Schüler:innen zumindest bis zu einem gewissen Maß auf Augenhöhe begegnen und ihnen die Möglichkeit geben, selbst Verantwortung zu übernehmen. Es geht darum, die Klasse bei Entscheidungen einzubeziehen, egal, wie simpel diese sein möchten. So können Sie beispielsweise mit Ihren Schüler:innen gemeinsam den nächsten Wandertag oder Klassenausflug planen und sie an der Festlegung des Klassenvertrags (siehe oben) teilhaben lassen.

Ebenso ist es möglich, bestimmte Aufgaben und Dienste in Ihrer Klasse zu verteilen. Dies kann beispielsweise den Tafeldienst umfassen oder auch das Blumen-Gießen und die Führung des Klassentagebuchs. Zudem bietet es sich an, Ämter wie Streitschlichter oder Klassensprecher zu vergeben. Hierdurch geben Sie einen Teil der Verantwortung an Ihre Schüler:innen ab, sie fühlen sich als verantwortungsvolle und wichtige Individuen akzeptiert und Sie als Lehrkraft zeigen, dass Sie Ihrer Klasse mit bestimmten Aufgaben vertrauen. Dies stärkt nicht nur das Selbstbewusstsein der gesamten Klasse, sondern führt auch dazu, dass Sie als Lehrperson positiver wahrgenommen werden.

Ein weiteres Prinzip, welches alle Ihre Unterrichtsstunden durchziehen sollte, ist Lob und Anerkennung. Klar, jeder Mensch wird gern dafür gelobt, wenn er etwas gut und richtig gemacht hat. Durch häufiges Loben zeigen Sie Ihren Schüler:innen, dass Sie ihre Leistungen würdigen und sie als Personen wertschätzen.

Insbesondere bei Steigerungen eines Schülers oder einer Schülerin oder auffallend vorbildlichem Verhalten sollten Sie signalisieren, dass Sie dieses registrieren und dem oder der Schüler:in besondere Anerkennung zukommen lassen möchten. Dies wird automatisch bewirken, dass Sie selbst als Lehrkraft auch positiver wahrgenommen werden. Achten Sie jedoch darauf, weiterhin alle Ihre Schüler:innen gleichzubehandeln und niemanden zu bevorzugen – dies kann zu Missgunst führen.

Schüler:innen, welche nicht als klassische „Lehrerlieblinge" gelten, werden sich schnell ausgeschlossen fühlen. Generell sollten Sie sich stets um eine gerechte Behandlung Ihrer gesamten Klasse bemühen, also keine ungerechtfertigten Strafen verhängen und die Notengebung fair und für alle Beteiligten nachvollziehbar zu gestalten. Seien Sie in Ihrem Verhalten berechenbar, setzten Sie Sanktionen bei Unterrichtsstörungen, wie besprochen, konsequent um, aber vermeiden Sie nach Möglichkeit härtere, unangekündigte Strafen und unfaire Anschuldigungen. Entschuldigen Sie sich für mögliches Fehlverhalten von Ihrer Seite und es wird Ihnen eine große Ladung an Respekt von Ihren Schüler:innen zukommen.

Unbedingt sollten Sie stets ein offenes Ohr für Ihre Schüler:innen haben und Ihnen bei Problemen als mögliche Bezugsperson bereitstehen. Wichtig ist es, Ihrer Klasse mitzuteilen, dass sie bei schulischen sowie außerschulischen Schwierigkeiten die Möglichkeit haben, mit Ihnen zu sprechen und Sie ihnen zur Seite stehen. Bleiben Sie nach der Schulstunde, sofern es möglich ist, noch für kurze Zeit im Klassenraum oder bieten Sie eventuell sogar eine Schülersprechstunde an.

Seien Sie aufmerksam und registrieren Sie möglicherweise sogar, wenn es einem Mitglied Ihrer Klasse nicht so gut geht, sodass Sie die Person gegebenenfalls auf ihr Wohlbefinden ansprechen können und ein Gespräch oder Hilfe anbieten können.

Respektieren Sie hierbei auf jeden Fall auch die Privatsphäre Ihrer Schüler:innen und drängen Sie sich ihnen nicht auf. Zeigen Sie wirkliches Interesse für die Schülerinnen und Schüler, hören Sie aktiv zu und stehen Sie ihnen mit Rat und Tat zur Seite – so schaffen Sie es, einen Zugang zu ihnen zu finden und als Vertrauensperson zu fungieren.

Generell gilt: Versuchen Sie, eine gelassene und lockere Grundstimmung im Klassenzimmer zu verbreiten und im Unterricht nicht gestresst oder gehetzt zu wirken. Dies erreichen Sie vor allem durch eine gründliche Unterrichtsvorbereitung. Nehmen Sie sich selbst nicht zu ernst, denn Fehler zu machen, ist menschlich und wird Sie als Lehrperson für Ihre Klasse nachvollziehbarer machen. Reagieren Sie auf bestimmte Situationen mit Humor, denn dies gilt als eine der wichtigsten Komponenten, um eine erfolgreiche Lehrer-

Schüler-Beziehung aufzubauen und ein angenehmes Klassenklima, in welchem man gern lernt, zu schaffen. Seien Sie authentisch und so, wie Sie wirklich sind, denn dies werden Ihre Schüler:innen auch so wahrnehmen und wertschätzen.

HANDLUNGSSTRATEGIEN BEI UNTERRICHTSSTÖRUNGEN

Was tun, wenn Prävention nicht hilft? Selbst, wenn Sie sich die größte Mühe geben, Ihren Unterricht vorzubereiten und ansprechend zu gestalten, wenn Sie eine tolle Beziehung zu Ihren Schüler:innen haben und auch sonstige vorbeugende Maßnahmen vorbildlich einsetzen, werden Sie erzwungenermaßen in Ihrer Laufbahn als Lehrkraft des Öfteren mit der Schwierigkeit konfrontiert werden, dass Ihr Unterricht nicht reibungslos verläuft. Unterrichtsstörungen gehören einfach zum Dasein als Lehrer:in dazu und kommen in jeder Schulklasse vor, da es Auslöser für sie gibt, die nicht in Ihrem Einflussbereich liegen. Dies bringt Sie als Lehrperson zwangsweise in die Situation, in der Sie reagieren müssen. Wie Sie hierbei vorgehen, hat einen ganz entscheidenden Einfluss darauf, ob sich das Störverhalten in Zukunft häufiger oder bestenfalls nur noch in geringerem Ausmaß wiederholt.

Nachteile von reaktiven Maßnahmen

Im Vergleich zu präventiven Strategien, die im Vorfeld von Unterrichtsstörungen angewendet werden können und die zu einer Minimierung des Auftretens von Störverhalten führen, sind Interventionsmaßnahmen im Unterricht lediglich rein reaktiv. Sie können also leider erst erfolgen, nachdem der Unterricht bereits gestört worden ist, was natürlich bedeutet, dass bereits ein Teil der Lernzeit der Schulstunde verloren gegangen ist und das produktive Arbeiten unterbrochen worden ist.

Durch die Störungen im Unterricht sind die Schüler:innen also bereits aus ihrer Konzentration gerissen worden und ihre Hauptaufmerksamkeit liegt nicht mehr auf dem zu vermittelnden Stoffgebiet. Gert Lohmann verdeutlichte zudem 2011: „Jede Intervention ist zugleich eine Störung" (2011), was bedeutet, dass Sie mit jeder reaktiven Maßnahme auf Unterrichtsstörungen, die Sie ausüben, das Unterrichtsgeschehen weiter unterbrechen und hierdurch noch mehr Lernzeit verloren gehen kann. So wird es um einiges zeitaufwendiger, die Konzentration in der Klasse wiederherzustellen und die Aufmerksamkeit erneut auf den Lernstoff zu lenken.

Interventionsmaßnahmen bringen auch das Problem mit sich, dass sich die Störer:innen in ihrem Verhalten verstärkt fühlen, da ihnen eine Aufmerksamkeit zukommt, die ihnen eigentlich nicht zusteht. So kann dies auch zu wiederholtem Störverhalten im Unterricht führen. Auf Unterrichtsstörungen zu reagieren ist außerdem sehr unangenehm – sowohl für Schüler:innen als auch Lehrkräfte – und kann eine eigentlich sehr positive Lehrer-Schüler-Beziehung belasten.

Dies ist insbesondere der Fall, wenn es zu schwerwiegenderen Störungen kommt und die Lehrperson gezwungen ist, mit entsprechend härteren Maßnahmen einzugreifen. Es kann nach einer solchen emotional belastenden Situation teilweise äußerst schwierig sein, wieder eine gute und gesunde Beziehung zwischen der Lehrkraft und dem oder der Schüler:in herzustellen.

Grundregeln für Ihre reaktiven Maßnahmen

Natürlich ist es trotz all dieser Nachteile von Interventionsmaßnahmen für eine Lehrkraft unumgänglich, auf Unterrichtsstörungen zu reagieren. Entsprechende Reaktionen sind einfach notwendig, um Autorität zu vermitteln, die Klasse im Griff zu behalten und einen guten Unterricht zu gewähren. Bevor ich Ihnen im nächsten Abschnitts dieses Kapitels ausführlich darlegen werde, welche Handlungsmöglichkeiten Sie in einer Störsituation haben und welchen unterschiedlichen Strategien Sie mit Ihren Maßnahmen folgen können, möchte ich Ihnen vorab einige Grundregeln nennen, die Sie bei jeder Reaktion auf Unterrichtsstörungen beachten sollten. Sie können sich im Allgemeinen an der sogenannten „ZACK-Regel" orientieren. Die Abkürzung steht hierbei für:

Z – Zeitnah handeln

A – Angemessene Reaktion

C – Cool bleiben

K – Konsequenzen umsetzen

1. Zeitnah handeln: Zwar sollten Sie vor jeder Intervention bei Unterrichtsstörungen vorher abwägen, ob eine Reaktion wirklich notwendig ist (siehe „Jede Intervention ist zugleich eine

Störung"), wenn Sie sich jedoch dazu entscheiden, dass es unumgänglich ist zu handeln, dann sollte Ihre Reaktion unmittelbar auf das Störverhalten folgen. So signalisieren Sie der störenden Person von Anfang an, dass Sie ein solches Verhalten nicht in Ihrem Unterricht dulden und auch dazu bereit sind, Konsequenzen zu ziehen.

2. Angemessene Reaktion: Die Schwere Ihrer reaktiven Maßnahmen auf Unterrichtsstörungen sollten sich stets am Schüler:innenverhalten orientieren und auf die jeweilige Situation angepasst sein. So ist es zu übertrieben, bei einmaligem Schwätzen eines Schülers oder einer Schülerin direkt eine Extraaufgabe zu verteilen oder Nachsitzen anzuordnen, während es bei einer dauerhaft unruhigen Klasse wenig bringen wird, mit hauptsächlich nonverbalen Mitteln zu agieren. Wie Sie sich ein genaues Konzept für Ihre Reaktionen überlegen, erfahren Sie im nächsten Kapitel.

3. Cool bleiben: Einer der wichtigsten Tipps im Umgang mit Unterrichtsstörungen ist Ihre eigene innere Haltung, denn diese können Sie am besten beeinflussen. Lassen Sie sich von einfachem Störverhalten im Unterricht nicht aus dem Konzept bringen und behalten Sie eine innere

Ruhe und eine nach außen gelassene Haltung. Akzeptieren Sie, dass Unterrichtsstörungen zum Schulalltag dazugehören. Häufig ist es so, dass Ihre Schüler:innen bemerken, dass eine Situation Sie stresst, was unter Umständen dazu führen kann, dass sie Ihren Stress als Vorlage nutzen, um Sie weiter zu provozieren.

Versuchen Sie, einen freundlichen Umgangston zu behalten und – in milderen Situationen – den Unterrichtsstörungen humorvoll zu begegnen. Vielleicht liefert Ihnen ein bestimmtes Verhalten ja die Vorlage für einen Witz? Wer es schafft, in schwierigen Situationen locker und gelassen zu bleiben, der sichert sich nicht nur den Respekt seiner Schüler:innen, sondern verbessert auch die eigene mentale Gesundheit.

4. Konsequenzen umsetzen: Im besten Fall haben Sie bereits mit Ihren Schüler:innen zu Beginn des Schuljahres festgelegt, wie Sie mit Unterrichtsstörungen umgehen möchten, zum Beispiel in Form eines Klassenvertrags, oder Sie kündigen in einer konkreten Störsituation mögliche Sanktionen an („Wenn du nicht aufhörst, mit deinem Sitznachbarn zu reden, dann setze ich dich um!"). Ganz egal, wie Sie mögliche Interventionen

Ihrerseits an die Klasse kommuniziert haben, wichtig ist es, dass sie nun auch konsequent sind und diese bei Störungen wie vereinbart umsetzen. Die besten Regeln bringen Ihnen nichts, wenn Sie sich selbst nicht nach Ihnen richten. So kann nur ein bestimmtes Umsetzen von Konsequenzen dazu führen, dass den Schüler:innen ihr eigenes Fehlverhalten bewusst wird und sie sich in Zukunft besser nach Ihren Regeln richten.

SO GEHEN SIE MIT UNTER-RICHTSSTÖRUNGEN UM

Sie wissen nun bereits, dass Ihre Reaktionen auf Unterrichtsstörungen stets „ZACK" sein sollten – zeitnah, angemessen, cool und konsequent. Doch welche konkreten Handlungsmöglichkeiten haben Sie eigentlich? Wie ist die beste und effektivste Vorgehensweise? Welche Strategien können Sie anwenden? In diesem Abschnitt des Kapitels geht es genau um diese Fragen: Wie Sie Ihr Vorgehen planen können, was die besten direkten Reaktionen sind und auch was Sie tun können, wenn all dies langfristig nichts hilft und Sie mit

Situationen konfrontiert werden, welche Sie allein nicht lösen können.

Direkte Reaktion während der Unterrichtsstunde

Um in Stör- und Konfliktsituation möglichst souverän und effektiv aufzutreten, kann es sinnvoll sein, sich bereits im Vorfeld des Unterrichts Gedanken zu machen, wie man auf aufkommende Unruhen reagieren möchte. Dies gibt Ihnen Halt und hilft auch den Schüler:innen, Ihre Handlungen besser zu verstehen.

Es ist sinnvoll, dass Sie ein Konzept entwickeln, eine gedankliche Handlungslinie, an der Sie sich entlanghangeln können und an die Sie Ihre Reaktion, je nach Schwere der Unterrichtsstörungen, anpassen können. Obwohl hierbei jedes Konzept individuell sein kann und an die jeweilige Klasse angepasst werden sollte, gibt es einige grundsätzliche Handlungsschritte, die ich Ihnen besonders empfehle.

Grundsätzlich gilt es bei leichten Verstößen, die den Unterrichtfluss kaum beeinflussen oder die Ihnen banal erscheinen, so minimal wie möglich zu reagieren. Dies hat den einfachen Grund, dass Sie Ihren Unterricht ja nicht noch weiter durch ausführliche Zurechtweisungen unterbrechen möchten. Wägen Sie also immer gut ab, ob eine Reaktion in einer bestimmten Situation wirklich notwendig ist. Sie können dann, wenn Ihnen eine Intervention sinnvoll erscheint, zunächst nonverbal auf das Störverhalten reagieren. Solche Stopp-Signale können präventiv wirken und die Ausweitung der Unterrichtsstörung vermeiden (siehe auch Kapitel: Präsenz- und Stopp-Signale);

Sie ersticken die Störungen sozusagen direkt im Keim. Zu solchen Maßnahmen zählen insbesondere der direkte Blickkontakt mit dem oder der störenden Schüler:in, Schütteln des Kopfes oder Gestiken mit der Hand (rechte Hand heben als Signal für Ruhe, Finger an die Lippen legen, ...). Solche reaktiven Maßnahmen sind besonders hilfreich, da sie häufig schon ausreichend sein können, um für Ruhe zu sorgen, und das Unterrichtsgeschehen nicht weiter unterbrechen.

Kommen die Unterrichtsstörungen trotzdem weiterhin vor, ist es an der Zeit, verbal auf sie zu reagieren. Hierbei ist im Allgemeinen zu beachten, dass auch diese so minimal wie möglich gestaltet werden sollten. Halten Sie sich kurz und knapp (das Nennen des Namens der störenden Person ist häufig schon genug) und vermeiden Sie Diskussionen mit Ihren Schüler:innen oder lange Begründungen über mögliche Maßnahmen. Wichtig ist es bei der verbalen Kommunikation, dass Sie den oder die Störer:in direkt ansprechen und versuchen, ihn oder sie in den Unterricht zurückzuholen.

Formulieren Sie dabei Ich-Botschaften und kommunizieren Sie Ihre Wünsche offensichtlich und klar. Vermeiden Sie undeutliche Aussagen oder Fragen. Sagen Sie zum Beispiel nicht: „Findest du nicht auch, dass dein Schwätzen den Unterricht stört?", sondern lieber „Ich fühle mich durch dein Schwätzen in meinem Vortrag gestört. Ich wünsche mir, dass du nun wieder dem Unterrichtsgeschehen folgst." So vermitteln Sie unmissverständlich, was Sie von Ihrem Schüler oder Ihrer Schülerin erwarten, vermeiden jedoch direkte Anschuldigungen und behalten einen freundlichen Umgangston.

Es kann sich zumeist auch als hilfreich anbieten, Verständnis für Ihre Schüler:innen aufzubringen (z. B. „Ich kann schon sehr gut verstehen, dass ihr um die Uhrzeit sehr müde seid und euch nicht mehr so gut konzentrieren könnt, aber ...) oder einfach direkt nachzufragen, wo denn genau der Grund für die Unruhen im Klassenzimmer liegt. Sie können ebenso versuchen, Schüler:innen, die gerade nicht aufmerksam sind und den Unterricht stören, durch konkrete Fragen zum Inhalt der Stunde wieder ins Unterrichtsgeschehen einzubeziehen.

Stärkere Störungen des Unterrichts oder auch Störverhalten von mehreren Schüler:innen können Sie in zwei Schritten angehen: Zunächst eine oder mehrere mündliche Ermahnungen (je nach Beeinträchtigung des Unterrichtsgeschehens), bei welcher Sie Konsequenzen bei einer weiteren Störung ankündigen und schließlich die Umsetzung dieser Sanktionen ohne weitere Warnung.

Wichtig hierbei ist es, nur Maßnahmen zu nennen, welche im Anschluss auch wirklich umsetzbar sind und dann konsequent zu handeln. Es ist zum Beispiel möglich, die betroffenen Schüler:innen im Klassenzimmer umzusetzen (an einen Einzelplatz) oder eine extra Aufgabe zu verteilen (z. B. Arbeitsblatt, um verpassten Unterrichtsstoff nachzuholen oder Aufsatz mit Reflexion über eigenes Verhalten, ...). Dabei können Sie Ihre Schüler:innen natürlich nicht zu einem bestimmten

Verhalten zwingen und es ist wichtig, dass Sie nicht mit allen Mitteln versuchen, Ihren Willen durchzusetzen, denn dies wirkt eher tyrannisch.

Möchte ein Schüler oder eine Schülerin sich beispielsweise trotz mehrfacher Aufforderung nicht an einen Einzelplatz setzen, starten Sie keine langen Diskussionen, sogenannte „Machtkämpfe", mit der Person. Verweisen Sie stattdessen auf das Stundenende und bitten Sie den oder die störende:n Schüler:in, für ein klärendes Gespräch noch etwas länger im Klassenzimmer zu bleiben. Nach der Unterrichtsstunde haben Sie dann genug Zeit, mit dem oder der Schüler:in über Ihr Verhalten zu sprechen und ihm oder ihr die notwendigen Maßnahmen zu erklären.

Es sollte jedoch auch klar sein, für welche Verhaltensweisen es in Ihrem Klassenzimmer eine „Null-Toleranz" gibt: Diese sollten von Ihnen klar kommuniziert werden und im Falle eines Auftretens sofort und ohne vorherigen Ermahnungen sanktioniert werden. Dies kann beispielsweise Mobbing, Beleidigungen oder körperliche Gewalt umfassen, kann jedoch individuell von Ihnen festgelegt werden.

Insbesondere bei jüngeren Schüler:innen bietet es sich an, spielerisch mit Unterrichtsstörungen umzugehen und Sanktionen als Teil dieses Spiels zu verstehen. Verwenden Sie zum Beispiel das „Rote-Karten-System", wie im Kapitel „Klare Regeln für das Miteinander" beschrieben, so können Sie als Folge einer Roten Karte eine „Nachspielzeit" einführen, was möglicherweise bedeutet, dass die entsprechende Person eine zusätzliche Hausaufgabe bekommt oder nach dem Unterricht länger in der Schule bleiben muss, um die verpasste Zeit nachzuholen. Es bietet sich auch an, im Unterricht „Auszeiten" zu organisieren. Hierfür sollten Sie einen kleinen Bereich im hinteren Teil des Klassenzimmers einrichten, in welchen sich die Schüler:innen für kurze Zeit zurückziehen können, eine sogenannte „Chill-Out-Zone".

Dies kann zum Beispiel ein kleines Sofa hinter der letzten Reihe mit Bildern, Büchern oder Pflanzen sein. Wichtig ist nur, dass es einen Ort gibt, an dem die Schüler:innen für kurze Zeit Abstand vom Unterrichtsgeschehen gewinnen und sich beruhigen können. Falls ein bestimmtes Kind in Ihrem Klassenzimmer mehrfach durch Störverhalten auffällt, können Sie es in eine kurze Auszeit in die

Entspannungsecke schicken und ihm anordnen, zum Unterricht zurückzukehren, sobald es sich beruhigt hat und wieder bereit ist, dem Unterricht zu folgen. Dies kann eine sinnvolle Idee sein, denn es nimmt die Spannung aus Konfliktsituationen und lässt Sie mit Ihrem Unterricht wie gewohnt fortfahren.

Langfristiger Umgang mit (schwerwiegenderen) Unterrichtsstörungen

Hin und wieder kann es jedoch vorkommen, dass sämtliche Maßnahmen und Reaktionen auf Unterrichtsstörungen erfolglos bleiben – egal, wie gut sie geplant und durchgeführt worden sind. Trotz aller Mühen ist es möglich, dass man es nicht schafft, dass Störverhalten mancher Schüler:innen zu unterbinden. Manchmal hat man es einfach mit schwierigen Schüler:innen zu tun, deren Verhalten auf tiefgreifenden Problemen beruht als lediglich der Langeweile im Unterricht. Wenn Ihnen solche dauerhaft auftretenden Unterrichtsstörungen Schwierigkeiten bereiten, dann ist es hier ebenso wichtig, Ihre Handlungsmöglichkeiten zu kennen.

Zunächst einmal ist immer am sinnvollsten, mit dem oder der betroffenen Schüler:in selbst zu sprechen. Sie können die entsprechende Person beispielsweise bitten, nach der Stunde länger im Klassenzimmer zu bleiben, oder Sie können direkt einen Termin für ein gemeinsames Konfliktgespräch vereinbaren. Hier können Sie die Zeit nutzen, um dem oder der Schüler:in ein ausgiebiges und ehrliches Feedback über Ihr Verhalten zu geben.

Sie können ansprechen, welche Probleme Ihnen das Störverhalten bereitet und versuchen, mögliche Gründe und Auslöser zu erfragen. Indem Sie versuchen, ein Verständnis für die Person aufzubauen, fällt es Ihnen vielleicht auch leichter, mögliche Lösungswege zu finden. Verdeutlichen Sie der Schülerin oder dem Schüler allerdings auf jeden Fall, dass es für ihn oder sie stärkere Konsequenzen haben wird, wenn sich das Verhalten nicht in der nächsten Zeit verändert. Sie können auch das Notenspektrum ausnutzen, um die Schüler:innen auf Fehlverhalten aufmerksam zu machen. Mitarbeitsnoten sollten immer die Leistung der jeweiligen Person im Unterricht widerspiegeln; wenn ein oder eine Schüler:in dauerhaft negativ im Unterricht auffällt, scheuen Sie sich also nicht, ihm oder ihr eine schlechte Note anzukündigen oder diese auch wirklich zu vergeben.

Gegebenenfalls ist es auch möglich, insbesondere, wenn regelmäßig mehrere Schüler:innen für Unruhe sorgen, ein Konfliktgespräch mit der ganzen Klasse zu führen. In diesem können Sie offen über das Problemverhalten in der letzten Zeit sprechen und welche Verhaltensänderungen Sie sich von Ihrer Klasse wünschen. Wichtig ist es hierbei, klare Regeln für die Zukunft zu vereinbaren und Konsequenzen bei weiteren Verstößen festzulegen.

Sollte Ihnen das Gespräch mit den Schüler:innen selbst nicht weiterhelfen und sollte das störende Verhalten weiterhin bestehen bleiben, so haben Sie ebenso die Möglichkeit, mit anderen Personen über Ihr Problem zu sprechen. Häufig kann es helfen, ein Zusammentreffen mit den Eltern zu organisieren, bei welchem Sie Ihre Problematik ansprechen können. Oftmals wissen die Eltern viel besser, was in Ihrem Kind vorgeht, aus welchen Beweggründen es möglicherweise handeln könnte, und es kann ein gemeinsamer Handlungsplan für Ihre weitere Vorgehensweise erarbeitet werden. Zudem können die Eltern natürlich auch Einfluss auf ihr Kind nehmen und mit ihm über sein Verhalten in der Schule sprechen.

Zudem kann es für Sie förderlich sein, dass Sie sich externe Hilfe im Umgang mit schwierigen Schüler:innen suchen. Dies kann zum Beispiel heißen, dass Sie mit Kolleg:innen, die dieselbe Klasse unterrichten, über Ihre Probleme sprechen. Sie können erfahren, wie die anderen Lehrkräfte mit den entsprechenden Schüler:innen zurechtkommen und möglicherweise ein gemeinsames Elterngespräch vereinbaren oder zusammen Strategien ausarbeiten, wie Sie im Unterricht vorgehen können.

Wenn es Hinweise auf ernsthaftere Gründe für die Unterrichtsstörungen, wie Entwicklungsverzögerungen oder psychische Krankheiten, gibt, dann sollten Sie sich zudem Hilfe bei entsprechend ausgebildetem Personal wie Sozialarbeiter:innen oder Schulpsycholog:innen suchen und ein Gespräch zwischen diesen und dem oder der betroffenen Schüler:in vereinbaren. In schwerwiegenderen Fällen ist es auch wichtig, die Schulleitung zu verständigen und mit ihr über die weitere Vorgehensweise zu beraten.

Ihre letzte Möglichkeit, wenn sich die Probleme durch Gespräche und Beratungen einfach nicht lösen lassen, das Störverhalten Ihren Unterricht sehr stark beeinträchtigt oder es zu starken Überschreitungen Ihrer „Null-Toleranz" kommt, ist es, Ordnungsmaßnahmen zu verhängen. Diese werden zu den Bestrafungen gezählt, werden in einem förmlichen Verfahren von der hierfür zuständig erklärten Institution der Schule verfügt und müssen daher mit dem bestehenden Schulrecht vereinbar sein.

Welche Ordnungsmaßnahmen es gibt, wird von den einzelnen Bundesländern individuell geregelt, allseits bekannt sind jedoch zum Beispiel der schriftliche (verschärfte) Verweis, Ausschluss vom Unterricht oder einem Fach für eine bestimmte Zeit, Wechsel in eine Parallelklasse oder der Verweis von der Schule. Aufgrund der Schwere dieser Sanktionen sollten sie jedoch wirklich nur im Extremfall angewendet werden, sofern keine andere Lösung des Problems in Aussicht steht.

Ein paar Worte zur Selbstreflexion
Vielleicht haben Sie schon beim Lesen der letzten Kapitel realisiert, welche Tipps Ihnen noch ganz

neu waren und in welchen Bereichen im Umgang mit Unterrichtsstörungen bei Ihnen noch Luft nach oben ist. Ich kann Sie beruhigen: Es ist noch kein Meister vom Himmel gefallen und mit etwas Übung und Geduld wird es Ihnen immer besser gelingen, auf Unterrichtsstörungen zu reagieren und deren Auftreten zu minimieren. Es kann sehr hilfreich sein, selbstkritisch zu bleiben, nicht nur den Schüler:innen die Schuld für das Störverhalten in die Schuhe zu schieben, sondern auch Ihren eigenen Unterricht zu analysieren. Wann treten in Ihrem Unterricht die meisten Unruhen auf? Wie haben Sie darauf reagiert?

Überlegen Sie sich, welche Ursachen die Störungen möglicherweise haben könnten und ob dies vielleicht etwas mit Ihrer eigenen Unterrichtsgestaltung oder Präsentationsweise zu tun haben könnte. Seien Sie ehrlich mit sich selbst, analysieren Sie Ihr eigenes Verhalten und Ihre Reaktionen und planen Sie, was Sie beim Auftreten von Unterrichtsstörungen für alternative Handlungsmöglichkeiten haben.

KURZ UND BÜNDIG: DIE 10 GOLDENEN REGELN FÜR IHR KLASSENZIMMER

Abschließend möchte ich Ihnen noch einmal einen kurzen Überblick darüber geben, was Sie aus diesem Buch mitnehmen sollten. Da Unterrichtsstörungen Lehrkräfte immer wieder herausfordern und in schwierige Situationen bringen, sie aber leider im Berufsalltag unumgänglich sind, ist es wichtig, den Umgang mit störendem Verhalten zu erlernen. Dies umfasst einerseits vorbeugende Maßnahmen, welche das Auftreten der Unterrichtsstörungen reduzieren sollen, andererseits aber auch angemessene Reaktionen in den Störsituationen. Mit der folgenden Checkliste sehen Sie alle wichtigen Punkte noch mal auf einen Blick und sind für kommendes Störverhalten durch Schüler:innen bestens gewappnet: die 10 goldenen Regeln für Ihr Klassenzimmer.

1. Die Ursachen für Unterrichtsstörungen sind vielfältig. Sie können in der persönlichen Situation und den privaten Problemen der Schüler:innen liegen oder durch äußere Faktoren entstehen. Vieles davon liegt in Ihrem Einflussbereich, vieles

jedoch auch nicht. Sie können versuchen, die Entstehungsursprünge von Unterrichtsstörungen zu verstehen, ganz beseitigen können Sie diese aber nicht. Indem Sie akzeptieren, dass Störverhalten zu jedem Unterricht dazugehört, können Sie eine gelassenere Haltung gegenüber diesem entwickeln und zu Ihrer beruflichen Zufriedenheit beitragen.

2. Eine gründliche Vorbereitung Ihrer Schulstunden kann dazu beitragen, einen guten Unterrichtsfluss herzustellen und das Auftreten unnötiger Pausen zu vermeiden. Durch eine abwechslungsreiche und interessante Gestaltung Ihrer Stunden kann präventiv auf die Entstehung von Unterrichtsstörungen Einfluss genommen werden.

3. Rituale und Routinen sind besonders sinnvoll, um Ihre Unterrichtsstunden zu rhythmisieren. Insbesondere „Stille-Signale" durch Klangschalen oder ähnliche Instrumente können Ruhe in Ihre Schulstunden bringen und zur Konzentration Ihrer Schüler:innen beitragen. Diesen Effekt haben auch routinierte Stundenbeginne und -enden.

4. Verwenden Sie Präsenz- und Stopp-Signale, um Ihrer Klasse zu signalisieren, dass Sie aufmerksam sind und sie im Blick haben. Verdeutlichen Sie Ihre Allgegenwärtigkeit im Raum, nehmen Sie Augenkontakt zu den Schülern und Schülerinnen auf und reagieren Sie auf mögliche Störungen bereits nonverbal.

5. Vereinbaren Sie mit Ihren Schüler:innen klare Regeln für Ihr Klassenzimmer und wie Sie mit Regelverstößen umgehen möchten. Fertigen Sie, insbesondere bei jüngeren Kindern, einen Klassenvertrag an und arbeiten Sie spielerisch mit anderen Systemen (Ampelsystem, Rote Karten, ...) um Ihren Umgang mit störendem Verhalten im Unterricht zu regeln.

6. Versuchen Sie, eine positive Beziehung zu Ihren Schüler:innen aufzubauen. Zeigen Sie echtes Interesse und Wertschätzung für Ihre Klasse, loben Sie häufig, geben Sie Verantwortung durch Ämter und Dienste ab, behandeln Sie alle Kinder gerecht und begegnen Sie ihnen auf Augenhöhe.

7. Wenden Sie bei Ihren Reaktionen auf Unterrichtsstörungen die „ZACK-Regel" an: Handeln Sie zeitnah, angemessen, bleiben Sie cool und setzen Sie Konsequenzen bestimmt um.

8. Fragen Sie sich vor einer Interventionsmaß-
nahme immer, ob eine Reaktion wirklich notwendig ist. Wenn eine Handlung unumgänglich ist,
dann reagieren Sie so minimal wie möglich. Starten Sie mit nonverbalen Signalen und arbeiten Sie
im Notfall mit kurz und knapp formulierten verbalen Ermahnungen. Lassen Sie sich auf keine
Diskussionen über mögliche Sanktionen ein.

9. Suchen Sie sich Unterstützung! Wenn es
nicht möglich ist, Ihre Klasse oder einzelne Schü-
ler:innen durch die beschriebenen Maßnahmen in
den Griff zu bekommen, scheuen Sie sich nicht,
nach Hilfe zu fragen. Es gibt viele Möglichkeiten,
mit Eltern, Kolleg:innen, der Schulleitung oder
Schulpsycholog:innen zu sprechen und gemeinsam nach Lösungswegen zu suchen.

10. Das Wichtigste kommt zuletzt: Lassen Sie
sich durch Unterrichtsstörungen nicht den Spaß
am Unterrichten nehmen. Störendes Verhalten
und Unterbrechungen der Schulstunde werden
wohl immer zum Alltag einer Lehrkraft dazugehören und es kann viel zu Ihrer mentalen Gesundheit
und beruflichen Zufriedenheit beitragen, wenn Sie
diese gelassen und nicht allzu persönlich nehmen,
eine lockere Haltung wahren und weiterhin mit

viel Freude und Motivation Ihren Unterricht führen!

Herstellung und Verlag:

BoD – Books on Demand, Norderstedt

ISBN: 9783755760863

© Amke Dannen 2021

1. Auflage

Kontakt: Psiana eCom UG/ Berumer Str. 44/ 26844 Jemgum

Covergestaltung: Fenna Larsson

Coverfoto: depositphotos.com